VADEMECUM SUL DIRITTO D'AUTORE: IL CASO LULU

NOZIONI FONDAMENTALI DI DIRITTO D'AUTORE CON PARTICOLARE ATTENZIONE AGLI AMBITI APPLICATIVI DI LULU

a cura dell'avv. Michele Di Pasquale
aggiornato al 18/09/2008

ISBN 978-1-4092-4378-6
© 2008 – Michele Di Pasquale
Stampato per la prima volta nel mese di ottobre del 2008
da Lulu Press™ per conto di:

avv. Michele Di Pasquale
via Paolo Giovio 6
20144 Milano
tel. 02/462832
email midip@jamko.it

L'avvocato Michele Di Pasquale, nato a Como nel 1974, termina i suoi studi universitari a Bari nel 2000. Dopo la pratica forense, il conseguimento del titolo di avvocato ed una esperienza biennale da consulente legale in uno studio artistico, nel 2004 intraprende a Milano la libera professione. Nel contempo frequenta il corso di informatica giuridica indetto dal C.S.I.G. e il corso di alta formazione di diritto delle nuove tecnologie tenuto dall'Università di Milano, consolidando come area di interesse l'Information Technology. Dal 2004 dirige il settore giuridico del corso di scrittura creativa indetto dall'Università Cattolica del Sacro Cuore di Milano, dove, a contatto con scrittori, giornalisti, critici ed altri "professionisti della penna" nonché aspiranti tali, ha potuto coltivare la sua passione per i diritti d'autore. Dal 2006 è Power Poster su Lulu (www.lulu.com) per le questioni legali. Dal 2007 è iscritto all'AIPPI (www.aippi.it), l'Associazione Internazionale per la Protezione della Proprietà Intellettuale.

SOMMARIO

8

INTRODUZIONE

In un periodo in cui la modernità rischia di compromettere il concetto di proprietà intellettuale, di rendere le opere dell'ingegno rientranti in un servizio gratuito ed anzi obbligatorio dell'uomo nei confronti dei suoi simili, nonostante sia radicato e più che mai esaltato il principio del *do ut des*, è importante conoscere almeno le basi di ciò che la legge riconosce all'autore come diritto imprescindibile.

Indubbiamente diffuso e ben accetto è il "copyleft", ossia l'opera che nasce con rinuncia a priori di qualsiasi rivendicazione patrimoniale, così come il software "open source", a codice aperto, utilizzabile liberamente. Tuttavia le opere non possono essere considerate semplici granelli di un formicaio in cui i costruttori sono senza nome e personalità. L'elemento fondamentale che distingue le opere dell'ingegno dagli oggetti materiali e che quindi attribuisce alle prime il cd. "valore aggiunto" è costituito dall'apporto creativo, dalle energie mentali spese per realizzarle, da quella scelta mirata tra varie soluzioni per raggiungere un obiettivo, scelta guidata dall'esperienza, dal carattere e dall'ispirazione personali. Essendo quindi l'opera dell'ingegno un prodotto inconfondibile della mente di una persona, concettualmente non può esistere senza il suo autore e non può prescindervi. Ricordarselo è importante quando si legge un libro, si ascolta una canzone, si guarda un film, si osserva un quadro, si ammira un edificio, si legge un giornale, si cerca una qualsiasi informazione in internet: spesso, anzi, la maggior parte delle volte si ignora del tutto il nome dell'autore e si considera ciò che ha creato solo in base a quanto è stato utile, in base quindi al mero consumo che se ne fa, accostando così l'umanità sempre di più a quell'idea di un enorme e supertecnologico formicaio.

Gli articoli dal 2575 al 2583 del codice civile e la legge 633 del 1941 (LDA) con il suo regolamento di attuazione (Regio Decreto n. 1369 del 18/05/1942), costituiscono le principali norme che disciplinano il diritto d'autore: in esse sono contenuti tutti i principi alla base della tutela giuridica di tutti gli autori.
Tali principi sono ispirati e dal 1978 interamente adattati a quelli sanciti dalla Convenzione di Berna per la protezione delle opere letterarie ed artistiche, elaborata nel lontano 1886 e successivamente riveduta.

1. OPERE TUTELATE

1.1. REQUISITI

L'unico titolo d'acquisto riconosciuto dalla LDA affinché un'opera possa essere tutelata in quanto tale è semplicemente la sua creazione, "quale particolare espressione del lavoro intellettuale" (art. 6 LDA e 2576 c.c.). Nel tentativo di attribuire all'opera una struttura ideale, la giurisprudenza (ossia quegli orientamenti desumibili dall'insieme delle decisioni degli organi giudiziari) e la dottrina (ossia quegli orientamenti desumibili dalle opinioni e dagli studi dei giuristi) hanno individuato dei requisiti specifici che possono essere orientativamente riassunti nella **esteriorità, creatività, originalità** e **novità**.

1.1.1. Esteriorità

Rappresenta il requisito più importante in quanto spiega in concreto come un'opera può ritenersi creata e quindi come viene conseguito il titolo d'acquisto della paternità riconosciuto dall'art. 6 LDA. La Corte di Cassazione lo identifica come "la suscettibilità di estrinsecazione nel mondo esteriore", in base al quale l'opera è da ritenersi tutelabile per il semplice fatto che è stata composta ed è in grado di essere divulgata. L'esteriorità quindi si concretizza con la trasfusione dell'opera in un qualsiasi tipo di supporto materiale (cartaceo, magnetico, digitale, informatico, ecc.), purché sia leggibile utilizzando strumenti alla portata di tutti. Di conseguenza l'esteriorità si distingue nettamente dalla pubblicazione che invece è il momento iniziale della divulgazione, in cui l'opera viene volutamente messa a disposizione di un pubblico indifferenziato. L'esteriorità si distingue anche dal brevetto, il quale consiste nell'iscrizione su apposito registro pubblico ed è presupposto necessario di tutela per le invenzioni, ossia quelle creazioni che "implicano un'attività inventiva e sono atte ad avere un'applicazione industriale" (art. 45 D.Lgs. n. 30/2005, Codice della Proprietà Industriale).

Di conseguenza, il libro già pubblicato ed il semplice manoscritto, seppur non ancora trasmesso all'editore, vengono tutelati allo stesso modo: ovviamente il libro pubblicato ha un indubbio vantaggio rispetto al manoscritto per il suo superiore potere probatorio, poiché è molto più facile dimostrare la creazione di un'opera già in circolazione rispetto ad un manoscritto non ancora divulgato.

1.1.2. *Creatività*

Comporta che l'opera sia espressa in una forma che rechi, in qualsiasi modo, l'impronta di una elaborazione personale dell'autore.

Dal punto di vista contenutistico, è evidente quindi come per la tutela non abbia importanza la qualità dell'opera o la sua genialità.

1.1.3. *Originalità*

Letteralmente consiste nella diretta provenienza dell'opera dal suo legittimo autore, anche se nell'ambito del diritto d'autore viene maggiormente interpretato come il complesso delle caratteristiche di varia natura (a seconda del tipo di opera in questione) che insieme sono in grado di attribuire all'opera una distinta identità, in altre parole che inducano a riconoscerla dalle altre.

Si tratta di un requisito molto sfuggente poiché è rimesso ad una valutazione per lo più personale, affidata spesso a sensazioni e non a criteri logici, come nel caso delle arti figurative.

1.1.4. *Novità*

In base a tale requisito, l'opera deve essere diversa da altre già tutelate, sebbene una sua interpretazione rigida rasenti l'impossibilità: proprio per evitare che le idee vengano "chiuse a chiave" dai loro autori, i concetti astratti contenuti nelle opere non possono essere oggetto di tutela giuridica.

Difatti, come confermato a stragrande maggioranza da dottrina e giurisprudenza, è sufficiente che l'opera sia diversa dalle altre nel modo concreto in cui è realizzata, cioè nella sua forma esterna di rappresentazione, non anche nei contenuti intrinseci, quali l'idea di base, lo spunto ed il motivo ispiratore.

1.2. TIPOLOGIE

L'art. 1 della LDA indica tassativamente i generi delle opere protette (letteratura, musica, arti figurative, architettura, teatro e cinematografia), mentre l'art. 2 identifica nello specifico i tipi di opere protette, anche se in via puramente esemplificativa: altri tipi di opere, infatti, pur non menzionati dall'art. 2, sono stati ritenuti tutelabili, come ad esempio il palinsesto televisivo, la tesi di laurea, gli appunti di lezioni universitarie, il ricettario gastronomico ed il giornale telematico. Non è stata considerata opera tutelabile, invece, quella risultante dal mero apporto di modifiche (per lo più tecniche e redazionali) ad un'opera letteraria incompiuta, in quanto mancante dei requisiti di creatività, originalità e novità. Tuttora oggetto di discussione è la tutela della critica letteraria oppure di quelle operazioni di editing incisive, da valutare necessariamente caso per caso e sempre in considerazione dei quattro requisiti suddetti: ad esempio, non può essere tutelabile l'opera che riporta dei semplici commenti di apprezzamento o denigrazione che non siano giustificati da alcun ragionamento seppur dettato da criteri soggettivi. Stesso discorso per i portali web complessi, i quali potrebbero essere identificati come dei veri e propri software, sempre che la loro struttura e criteri di funzionamento, indipendentemente dal contenuto delle singole pagine che li compongono, siano muniti dei soliti quattro requisiti.

1.3. OPERE COLLETTIVE

Tali sono le opere che vengono compiute da più autori. Al proposito, si deve distinguere l'opera composta da più parti separate (cioè ben identificate le une dalle altre) e autonome (quindi non rientranti in un unico contesto come la trama portante) composte ognuna da un autore differente, da quelle invece in cui l'intervento di ciascun autore non può essere collocato in una parte distinta dalle altre.

Nel primo caso, ogni autore è titolare del distinto diritto connesso alla propria parte, sebbene l'opera collettiva in sé possa essere oggetto di un contratto che vincoli ciascun autore ad un particolare comportamento o renda l'opera intera inscindibile.

Nel secondo caso, in mancanza di specifici negozi giuridici, l'opera deve essere considerata alla stregua di una comunione *pro indiviso*, che comporta la divisione in parti uguali di tutti i proventi e la necessaria unanimità per tutte le decisioni inerenti le operazioni di carattere dispositivo (es. cessione dei diritti di utilizzazione economica).

Ad ogni modo, a seconda di come gli autori abbiano interagito tra loro per far nascere l'opera collettiva, è possibile riconoscere, in via stragiudiziale o anche giudiziale, i differenti interventi e, conseguentemente, la differente entità dei propri diritti.

2. DIRITTO MORALE D'AUTORE

2.1. DEFINIZIONE

Il diritto morale d'autore comprende tutti i diritti specifici che riguardano il rapporto tra l'opera ed il suo creatore.

Essi sono attribuiti solo all'autore dell'opera e sono imprescrittibili, inalienabili ed intrasmissibili (eccetto il diritto d'inedito che si trasmette agli eredi).

2.1.1. *Diritto di paternità*

Consiste nel diritto a farsi riconoscere autore dell'opera e ad impedire che altri se ne riconoscano tali.

Presupposti pratici di tutela: per riconoscere in giudizio la paternità dell'opera, è consigliabile conservare il supporto originale in cui è contenuta l'opera creata subito prima della pubblicazione, specificare in essa il nome reale dell'autore indicando anche l'eventuale pseudonimo, nonché dimostrare il tempo della creazione e l'assenza di successive manomissioni. Si rinvia al capitolo 4 per ogni dettaglio.

2.1.2. *Diritto di inedito*

L'autore è l'unico a decidere se e quando pubblicare un'opera: dopo la sua morte, tale diritto passa all'erede e può anche essere oggetto di legato.

Presupposti pratici di tutela: per evitare di perdere il diritto di inedito è opportuno astenersi da ogni tipo di formale manifestazione della volontà da cui si evinca un consenso alla diffusione dell'opera, quale potrebbe essere la pubblicazione su internet con l'esplicita autorizzazione alla libera disposizione dei contenuti, magari fornita non dall'autore ma da chi fornisce il servizio di pubblicazione: in tal caso l'autorizzazione potrebbe infatti formalizzarsi accettando le condizioni di utilizzo del servizio. Esempio classico è il blog in cui l'utente si registra e accetta le condizioni di utilizzo dello spazio web utilizzato, nelle quali condizioni è espressamente inclusa la libera disposizione dei testi pubblicati.

2.1.3. Diritto all'integrità

Attribuisce al solo autore la facoltà di impedire qualsiasi modifica alla propria opera, purché tale modifica possa "essere di pregiudizio al suo onore od alla sua reputazione" (art. 20 LDA).

L'opera letteraria gode di una protezione più incisiva nel rapporto tra editore ed autore, con particolare riferimento alle operazioni di correzione di bozze ed editing, in quanto l'art. 126 LDA dispone che "l'editore è obbligato a riprodurre e porre in vendita l'opera [...] *in conformità dell'originale e secondo le buone norme della tecnica editoriale*": di fatto però le considerazioni della giurisprudenza al riguardo inducono ad escludere un'interpretazione letterale dell'art. 126 LDA, di modo che le modifiche non lesive dell'onore e della reputazione dell'autore sono perseguibili da quest'ultimo solo se minano l'intera essenza dell'opera, cioè se compromettono seriamente la sua originalità, creatività e novità.

Presupposti pratici di tutela: per evitare situazioni di incertezza, quando vengono autorizzate le modifiche è opportuno delimitare per iscritto l'ambito d'intervento consentito, ferma restando l'impossibilità di nuocere all'onore, all'immagine ed alla reputazione dell'autore, nonché naturalmente di aggiungere contenuti illeciti. In ogni caso è consigliabile imporre la visione e l'autorizzazione delle modifiche prima della loro pubblicazione.

2.1.4. *Diritto di anonimo*
Comporta la possibilità di pubblicare un'opera senza specificare il nome del suo autore, il quale comunque conserva anche il diritto alla paternità, rivendicabile in qualsiasi momento dopo averla dimostrata. L'art. 27 LDA precisa però che in caso di pubblicazione in anonimato o con pseudonimo, la durata dei diritti di utilizzazione economica é di settant'anni a partire non dalla morte dell'autore, come di regola, bensì dalla prima pubblicazione, qualunque sia la forma nella quale essa é stata effettuata: sulla base del combinato disposto degli artt. 27 e 28 LDA, per portare il termine iniziale alla morte dell'autore è necessario che quest'ultimo si riveli mediante apposita denuncia presso il Ministero dei Beni Culturali (per ogni dettaglio, si rinvia al suo sito web ufficiale).

Presupposti pratici di tutela: ferma restando la necessità della rivelazione ex art. 28 LDA per estendere i termini di tutela, la corrispondenza tra nome reale dell'autore e pseudonimo può essere dimostrata anche specificandola nell'esemplare originale dell'opera conservata dall'autore per tutelarne la paternità.

2.1.5. Diritto di pentimento
In base all'art. 2582 c.c. e all'art. 142 LDA, "l'autore, qualora concorrano gravi ragioni morali, ha diritto di ritirare l'opera dal commercio, salvo l'obbligo di indennizzare coloro che hanno acquistato i diritti di riprodurre, diffondere, eseguire, rappresentare o mettere in commercio l'opera medesima". Tale diritto può essere fatto valere dall'autore in qualsiasi momento nei confronti dell'editore, il quale può opporsi solo contestando l'esistenza delle gravi ragioni morali alla base del pentimento.

Presupposti pratici di tutela: oltre al diritto di pentimento per gravi ragioni morali e a prescindere da questo, il contratto che definisce il rapporto tra autore ed editore / produttore può prevedere il diritto dell'autore a chiedere il ritiro dell'opera dal commercio al verificarsi di specifiche condizioni, come può essere la necessità di un aggiornamento in mancanza del quale l'opera risulti obsoleta.

3. DIRITTO PATRIMONALE D'AUTORE

3.1. DEFINIZIONE

Il diritto patrimoniale d'autore racchiude tutti i diritti connessi alla pubblicazione e all'utilizzazione materiale dell'opera.

Questi sono alienabili, trasmissibili e suscettibili di pegno e sequestro, si protraggono per tutta la vita dell'autore e per i 70 anni successivi alla sua morte (come indicato in precedenza, in caso di opera anonima non rivelata i 70 anni decorrono dalla prima pubblicazione) o, in caso di opera collettiva inscindibile, alla morte dell'ultimo dei suoi coautori. Successivamente a tale termine, l'opera diventa di dominio pubblico.

3.1.1. Diritto di pubblicazione e utilizzazione economica

E' di prassi regolato da un contratto che regola tutti gli aspetti della pubblicazione e dei guadagni legati ad essa: nel caso specifico della scrittura, si tratta del contratto di edizione (trattato nel capitolo 8).

Presupposti pratici di tutela: prima della pubblicazione, come richiesto anche da molti editori / produttori, è opportuno che l'autore si sia tutelato per dimostrare la paternità dell'opera. Si rinvia al capitolo 4 per ogni dettaglio.

3.1.2. Diritto di riproduzione e trascrizione

S'intende la moltiplicazione in serie di copie dell'opera con qualsiasi mezzo (litografia, copiatura a mano, fotografia ed ogni altro mezzo di riproduzione).

La riproduzione con gli stessi mezzi ma non in serie (reprografia), è consentita ma solo in determinati casi (vedi par. 5.1.1. "utilizzo non consentito").

La riproduzione audio-video per uso privato è consentita solo se senza scopo di lucro e combinata ad un meccanismo di prelievo alla fonte di un compenso a favore dei titolari dei diritti esclusivi di riproduzione, la cui riscossione è affidata alla SIAE: su questo assunto, seppur contestato, si basa quel supplemento che viene aggiunto al prezzo d'acquisto dei supporti multimediali vergini.

Presupposti pratici di tutela: da tempo è in discussione la natura della riproduzione per uso privato, da alcuni definita come un vero e proprio diritto non limitabile (in riferimento ai cd. DRM – Digital Rights Management – ossia quegli accorgimenti tecnologici che rendono un programma informatico o un file non duplicabile): si sono susseguiti nel tempo norme, sentenze ed opinioni autorevoli che talvolta lo hanno identificato come vero e proprio diritto dell'utilizzatore e talvolta invece come semplice facoltà negabile dal titolare dei diritti sull'opera. Allo stato attuale l'ago della bilancia pende a favore di quest'ultimo orientamento, tant'è che non ci sono limiti ai DRM: in compenso però è consentito l'uso di contromisure tecnologiche per rimuovere i DRM (come quei programmi che consentono di duplicare cd protetti), sempre a condizione che non si ecceda l'ambito dell'uso privato e dello scopo non di lucro.

3.1.3. Diritto di esecuzione, rappresentazione o recitazione in pubblico

L'art. 15, 1° comma, LDA lo inquadra nella "esecuzione, rappresentazione o recitazione, comunque effettuate, sia gratuitamente che a pagamento, dell'opera musicale, dell'opera drammatica, dell'opera cinematografica, di qualsiasi altra opera di pubblico spettacolo e dell'opera orale": in sostanza ciò si traduce in tutti i mezzi di comunicazione diretta dell'opera al pubblico.

Presupposti pratici di tutela: sebbene l'autore, come si leggerà nel prossimo capitolo, abbia la facoltà di gestire direttamente i propri diritti patrimoniali senza l'intermediazione della SIAE, per l'esecuzione, la rappresentazione e la recitazione in pubblico di qualsiasi opera è necessario avvertire preventivamente la SIAE depositando un apposito modulo (si rinvia al suo sito web ufficiale per ogni dettaglio). Solo se tutti gli autori delle opere da eseguire, rappresentare o recitare in pubblico non sono iscritti alla SIAE non sarà dovuto a questa alcun compenso: è chiaro però che in tal caso si dovrà ottenere la diretta autorizzazione dell'avente diritto.

3.1.4. Diritto di diffondere l'opera
Si tratta della diffusione <u>indiretta</u> dell'opera al pubblico mediante sistemi di comunicazione a distanza (TV, internet, radio, ecc.).

Presupposti pratici di tutela: anche qui è obbligatoria la preventiva comunicazione alla SIAE del palinsesto, ossia la lista delle opere da diffondere al pubblico. Ciò vale anche per il "web casting", cioè la pubblicazione sistematica e programmata di contenuti sul web senza interattività con il pubblico.

3.1.5. Diritto di distribuzione
Consiste nel diritto di mettere in commercio l'opera distribuendone copie, o comunque di mettere l'opera a disposizione del pubblico senza diffusione diretta o indiretta.

Presupposti pratici di tutela: normalmente si tratta di un diritto ceduto dall'autore nel contratto che regola il suo rapporto con l'editore / produttore, ma può anche essere oggetto di autonoma disposizione, specie se l'autore decide di auto-produrre la sua opera.

3.1.6. Diritto di tradurre, elaborare e trasformare l'opera
E' la facoltà di tradurre l'opera in altra lingua o dialetto, di apporre modifiche sostanziali all'opera (come aggiunte, rivisitazioni, aggiornamenti) nonché di

trasformarla in altre tipologie (es. da romanzo a sceneggiatura).

Presupposti pratici di tutela: a differenza delle elaborazioni di cui al punto 2.1.3, tutte le predette manipolazioni vengono considerate oggetto autonomo di tutela, pur integrandosi nell'opera a cui si riferiscono, sicché, nel caso delle trasformazioni, tutti i diritti delle opere in esse integrate si cumulano: per questo motivo chi ha intenzione di inserire una canzone in un filmato, deve acquisire i diritti dal compositore, dall'autore del testo cantato, dai musicisti ed eventualmente anche dall'editore e dal distributore.

3.1.7. *Diritto di noleggio*

Non è consentito il noleggio lucrativo delle opere senza autorizzazione del titolare del corrispondente diritto.
Non è contemplato il cd. "prestito privato", senza scopo di lucro, che si effettua agli amici. Limitato a pochi "passaggi" il prestito privato non costituisce espressa violazione, ma, trasmesso ad un numero elevato di persone, si traduce in una vera e propria distribuzione che, seppur non lucrativa, è soggetta alla disposizione di chi ne detiene il diritto.

Presupposti pratici di tutela: anche il diritto in questione si cumula a tutti gli altri delle opere che compongono quella da noleggiare, il che spiega il prezzo notevolmente superiore del suo supporto rispetto a quello destinato alla vendita per uso personale.

4. REGISTRAZIONI E CONDIZIONI DI TUTELA

4.1. GIURISDIZIONE

La prima condizione necessaria per dar luogo alla tutela ed agli obblighi previsti dalla normativa italiana è naturalmente la giurisdizione.

Sebbene infatti la Convenzione di Berna abbia consolidato i principi base della tutela in tutte le principali nazioni del mondo, la normativa di dettaglio spesso differisce da paese a paese.

Questa premessa è fondamentale soprattutto quando il territorio in questione è internet.

Se non ci sono dubbi sull'applicabilità della LDA a ciascun autore italiano, indipendentemente dal luogo in cui la sua opera è stata pubblicata per la prima volta (art. 185 LDA), con le sole eccezioni previste dall'art. 189 LDA; non è altrettanto chiaro se le altre normative editoriali possano effettivamente essere applicate agli autori italiani che pubblicano su internet, specie se chi gestisce il sito web in cui sono pubblicate le opere è straniero.

L'art. 1 della legge nr. 62 del 2001 identifica il luogo della pubblicazione del prodotto editoriale elettronico quello dal quale i dati sono immessi in rete, ossia il PC – il cd. "server" – che condivide i dati con tutti gli altri connessi in rete.

Tuttavia le violazioni del diritto d'autore che rientrano nell'ambito della mera responsabilità civile possono essere trattate dal giudice del luogo in cui si è verificato il danno, oltre alla residenza o al domicilio del violatore: da tale premessa e secondo una serie di interpretazioni e fonti giurisprudenziali, chi subisce una violazione perpetrata su internet può chiedere l'applicazione del diritto italiano avanti al giudice della propria residenza o domicilio.

Ben diverso invece è il discorso dell'applicazione della normativa fiscale, di cui rimandiamo la trattazione al prossimo capitolo.

4.2. DIMOSTRAZIONE DELLA PATERNITA'

Il problema iniziale di ogni autore è quello di dimostrare la paternità della sua opera e il momento in cui è stata creata.

Come si leggerà in seguito, la Legge n. 106/2004 prevede una procedura obbligatoria per depositare gran parte delle tipologie di opere dell'ingegno. Tuttavia il deposito presuppone la pubblicazione dell'opera, difatti è a carico dell'editore / tipografo / produttore, quindi non può essere effettuato per dimostrare la paternità di opere ancora inedite.

Di conseguenza, oltre a ricorrere alla SIAE (di cui si tratterà in seguito), gli autori utilizzano i metodi più disparati per tutelare le proprie opere prima di pubblicarle.

Il tradizionale ed economico mezzo della auto-spedizione consiste nel sigillare una copia dell'opera e di autospedirsela con raccomandata AR; alcuni adottano la variante della busta aperta, per far sì che l'addetto postale contrassegni direttamente la prima o, a seconda delle diverse correnti di pensiero, ciascuna pagina del testo: in entrambi i casi fa fede il timbro postale. In effetti però le manomissioni sono facilmente dimostrabili e tale mezzo è destinato a soccombere se contrastato da altri metodi "istituzionalizzati", come il deposito SIAE.

Il discorso cambia completamente se si considerano le nuove tecnologie e le recenti normative in materia di posta elettronica certificata, marche temporali e firma digitale.

Posta elettronica certificata (P.E.C.): si tratta di una casella di posta elettronica fornita da un ente certificato dal CNIPA (www.cnipa.gov.it), l'organo di controllo informatico delle Pubbliche Amministrazioni, le cui regole tecniche sono previste dal Decreto del Presidente del Consiglio dei Ministri 13 Gennaio 2004, al titolo IV. Questo strumento è in grado di certificare il trasferimento della corrispondenza tra i server-provider e i computer del mittente e del destinatario. L'efficacia probatoria è piena se sia il mittente che il destinatario dispongono di una casella P.E.C..

Marca temporale: è un'impronta digitale fornita sempre da un ente certificato dal CNIPA che viene applicata ad un file per conferirgli certezza temporale e certificare la sua integrità.

Firma digitale: è anch'essa un'impronta digitale applicata su un file ma, oltre a certificarne l'integrità, è finalizzata non a conferirgli certezza temporale, bensì ad attestare la sua paternità / provenienza. La firma digitale viene fornita sempre da un ente certificato dal CNIPA normalmente insieme ad una smart-card (è già previsto che in futuro una smart-card con funzione di firma digitale sostituirà le normali carte d'identità): un doppio sistema di cifratura e una password personale garantiscono l'identificazione sicura del firmatario e dell'ente certificatore.

Muniti di tali strumenti, neanche troppo costosi, è possibile contrassegnare un testo, certificarne la provenienza, il contenuto ed il momento della creazione, nonché dimostrare la loro trasmissione a terze persone: con le dovute accortezze si è quindi certamente in grado di pareggiare, se non addirittura superare in efficacia, persino le garanzie probatorie previste dalla SIAE.

Altro metodo sicuro ma decisamente poco economico e quindi raramente utilizzato, consiste nel deposito della copia presso un notaio: più spesso accade che il deposito venga effettuato da chi voglia mantenersi anonimo o ancor meglio da chi abbia il desiderio di diffondere o trasmettere l'opera mediante disposizioni testamentarie.

4.3. OBBLIGHI DI DEPOSITO

L'attuale normativa principale che concerne l'obbligo di deposito di opere presso enti pubblici è costituita dalla Legge n. 106/2004 e dal suo regolamento di attuazione Decreto del Presidente della Repubblica n. 252/2006 (le quali disposizioni, come stabilito dall'art. 8 della L 106/2004, sostituiscono i precedenti obblighi, tra cui quello del deposito presso la Prefettura, di cui alla legge 2 febbraio 1939, n. 374, come modificata dal decreto legislativo luogotenenziale 31 agosto 1945, n. 660, nonché al regolamento di cui al regio decreto 12 dicembre 1940, n. 2052 e all'articolo 23 del decreto legislativo luogotenenziale 1° marzo 1945, n. 82).

L'art. 3 della Legge 106/2004 dispone che tale obbligo è destinato a: 1) l'editore o comunque il responsabile della pubblicazione, sia persona fisica che giuridica; 2) il tipografo, ove manchi l'editore; 3) il produttore o il distributore di documenti non librari o di prodotti editoriali similari; 4) il Ministero per i beni e le attività culturali, nonché il produttore di opere filmiche.

L'art. 4 invece individua tutte le tipologie di opere soggette all'obbligo di deposito, tra cui libri, opuscoli, pubblicazioni periodiche, opere multimediali, ecc..

Essenzialmente il deposito si effettua inviando ad enti preposti dal decreto ministeriale del 28/12/2007 un esemplare dell'opera ed un modulo compilato: per ogni dettaglio, è possibile consultare il sito web www.librari.beniculturali.it, inserendo nel motore di ricerca interno le parole "deposito legale".

Tale disposizione si affianca a quella prevista dall'art. 103 LDA che prevede per quasi tutte le tipologie di opere pubblicate l'obbligo di iscrizione presso il Registro Pubblico Generale tenuto dal Ministero dei Beni Culturali (per ogni dettaglio, si rinvia al sito web www.spettacolo.beniculturali.it   sezione   "diritto d'autore").

Per entrambi i depositi l'obbligo ricade direttamente sull'autore nel caso in cui non sia possibile individuare editori, produttori, distributori o altri aventi diritto, sebbene tuttora esistano in alcune fattispecie molti dubbi interpretativi e soprattutto pratici che li rendono difficili da applicare, come ad esempio per chi si avvale di uno stampatore estero, a prescindere dalla reale obbligatorietà del deposito nel caso concreto: infatti sulla base dell'art. 185 LDA, l'obbligo di deposito previsto dall'art. 103 ricade sull'autore italiano a prescindere dal luogo in cui l'opera è stata pubblicata la prima volta, ma in realtà il Ministero ha serie difficoltà a registrare opere pubblicate da editori o stampatori esteri, mentre l'obbligo previsto dalla Legge 106/2004 non dovrebbe trovare applicazione per chi pubblica all'estero in virtù dell'art. 1 della medesima Legge che ne restringe l'applicazione ai soli documenti prodotti totalmente o parzialmente in Italia (la parziale produzione non si riferisce all'opera in sé, bensì al supporto che la contiene).

4.4. CODICE ISBN

Il codice ISBN (International Standard Book Number) è un codice univoco con il quale viene identificata a livello internazionale una pubblicazione cartacea non periodica. Si compone di numeri che indicano la catalogazione generale mondiale, il gruppo linguistico, l'editore ed il titolo: termina con un numero di controllo. A tali numeri viene associato un codice a barre per la lettura ottica.

Il codice ISBN è sostanzialmente utilizzato a scopo di catalogazione, pertanto è munito di potere probatorio solo se associato ad una qualsiasi forma di deposito di opera pubblicata riconosciuta dalla legge italiana.

4.5. S.I.A.E.

I metodi di tutela più utilizzati sono affidati alla Società Italiana di Autori ed Editori (S.I.A.E.), la società di intermediazione dei diritti patrimoniali d'autore, la quale, pur non essendo un vero e proprio ente pubblico, gode di uno speciale trattamento da parte dello Stato Italiano sancito dall'art. 180 LDA che in realtà la parifica ad una pubblica istituzione poiché le viene attribuita in via esclusiva "l'attività di intermediario, sotto ogni forma diretta di intervento, mediazione, mandato, rappresentanza, di esecuzione, di recitazione, di radiodiffusione ivi compresa la comunicazione al pubblico via satellite e di riproduzione meccanica e cinematografica di opere tutelate". Ad ulteriore conferma del suo carattere istituzionale, la SIAE ha un potere coercitivo molto forte nell'ambito delle sanzioni e della vigilanza nel rispetto dei diritti patrimoniali da essa tutelati.

Tutte le informazioni – nonché i modelli per le varie richieste – inerenti la SIAE sono reperibili sul sito www.siae.it.

In alternativa alla SIAE il medesimo art. 180, comma 4, riconosce all'autore, ai suoi successori o agli aventi causa, la facoltà di "esercitare direttamente i diritti loro riconosciuti" dalla LDA. Di fatto però è assai improbabile che un cantante sia disposto a bussare alla porta di tutti coloro che hanno utilizzato la sua opera senza essere autorizzati. Tuttavia, la diffusione su larga scala di internet (e la conseguente crisi del concetto di giurisdizione territoriale) e dei DRM sta gradualmente smontando la rigida interpretazione dell'art. 180, consentendo realmente ad un autore la possibilità di gestire e controllare da solo i suoi diritti patrimoniali. Quasi a conferma di questi cambiamenti il Governo Italiano ha manifestato più volte l'intenzione di ridimensionare alcune prerogative della SIAE allo scopo di creare, col tempo, uno stato di concorrenza.

Si tiene a precisare che la SIAE tutela esclusivamente l'esercizio dei diritti patrimoniali di cui l'iscritto è già titolare, non anche i diritti morali spettanti in esclusiva all'autore, il che significa che il predetto ente non può denunciare o perseguire un plagio per conto dell'autore, né può trasferire i diritti patrimoniali a terzi.

I principali mezzi di tutela previsti dalla SIAE sono i seguenti.

4.5.1. Iscrizione

L'iscrizione è la condizione essenziale per consentire alla SIAE l'intermediazione dei diritti patrimoniali ma anche la meno indicata per chi non ha ottime prospettive per il futuro delle proprie opere, a causa degli elevati costi di gestione. Proprio mediante questa, non solo la SIAE è in grado di dimostrare la provenienza e la data di creazione dell'opera, ma assicura al soggetto anche la corresponsione dei compensi derivanti dall'esercizio dei suoi diritti patrimoniali, che siano diretti o acquisiti dall'autore, certificandoli mediante i bollini che vengono applicati sulle copie dell'opera destinate alla vendita.

Al proposito, è bene specificare che per la vendita di supporti multimediali il bollino è obbligatorio a prescindere dall'iscrizione o meno degli autori alla SIAE: tale disposizione, prevista prevalentemente dall'art. 181 bis LDA, è finalizzata a garantire il controllo preventivo di tutti i supporti multimediali.

L'iscrizione costituisce un rapporto che può essere di associazione o mandato, a seconda della cittadinanza europea o meno dell'autore, ma anche della specifica scelta di quest'ultimo. In entrambi i casi (con poche differenze sostanziali) dopo l'iscrizione la SIAE assume – per un periodo minimo di cinque anni rinnovabile tacitamente – il controllo in Italia dei diritti patrimoniali su tutte le opere (appartenenti alla tipologia a cui si riferisce l'iscrizione) passate, presenti e future dell'autore.

4.5.2. Deposito di opera inedita

E' il mezzo per dimostrare la provenienza e la data di creazione dell'opera e può essere adoperato anche da chi non è iscritto: consiste nell'invio alla sezione apposita della SIAE di una copia dell'opera unitamente ad un modulo scaricabile via internet da www.siae.it. Attualmente la tariffa è di Euro 110,00 per ciascuna opera depositata, mentre, per chi è iscritto, la tariffa è ridotta a Euro 55,00.

Una volta pervenuta alla SIAE, la copia dell'opera viene protocollata, sigillata e custodita presso il suo archivio per cinque anni, alla scadenza dei quali, se non rinnovato, il deposito perde ogni valore probatorio e la copia viene distrutta. Il numero di protocollo di per sé vale come prova del deposito (quindi non del contenuto dell'opera) ed è opportuno indicarlo ogni volta che si trasmette l'opera agli editori. Il contenuto dell'opera depositata può essere dimostrato legalmente solo in sede giudiziaria tramite l'accertamento disposto dal giudice, che consiste nell'apertura del plico sigillato in cui è custodita la copia dell'opera depositata: una volta aperto il plico, cessa il valore probatorio del deposito.

5. AUTORI E FISCO

5.1. PREMESSE

Prima di affrontare l'argomento, è bene delineare delle fondamentali premesse che condizionano il trattamento fiscale di autori e aventi diritto.

5.1.1. *Giurisdizione*

Anche per l'ambito fiscale l'applicazione della normativa italiana è soggetta alla necessaria preliminare condizione della giurisdizione.

Al proposito però è necessario distinguere i proventi derivanti da cessione dei diritti d'autore dai proventi per la cessione dei supporti che le contengono: mentre infatti le imposte legate ai primi sono condizionate alla semplice residenza di chi li riceve, le imposte per i secondi dipendono anche dal luogo in cui i supporti vengono ceduti, come si leggerà nei prossimi paragrafi.

5.1.2. *Abitualità*

Pur non essendoci un riferimento normativo preciso e in base ad una interpretazione diffusa della legge Bersani, l'attività può essere definita abituale se supera il tetto massimo dei 5.000 euro di reddito netto, il che significa che se l'autore o l'avente diritto ricava dall'esercizio dei suoi diritti patrimoniali sulle opere dell'ingegno una somma superiore, al netto di qualsiasi spesa imputabile, la sua specifica attività dovrà ritenersi abituale.

5.1.3. Regime editoriale

Chiunque eserciti abitualmente i diritti patrimoniali d'autore ha la possibilità di organizzarsi in forma di impresa e registrarne l'attività editoriale, oppure di aggiungere formalmente l'attività editoriale ad un'altra impresa di cui si è già titolari.

L'impresa che ufficialmente svolge attività editoriale su carta stampata può godere del regime monofase previsto dall'articolo 74, lettera c), Dpr n. 633/1972, per cui è prevista l'applicazione del 4% di IVA sui beni editoriali stampati venduti: nel medesimo articolo, in tutto il Dpr n. 633/1972 e nelle altre norme di dettaglio vengono specificate le condizioni di applicazione, tra cui una serie di adempimenti contabili che consentono di pagare l'imposta solo su quanto effettivamente venduto dai rivenditori, esonerando questi ultimi dal versamento tributario.

La L. n. 250/1990 e la L. n. 62/2001 prevedono poi diverse altre agevolazioni e provvidenze.

5.2. TIPOLOGIE DI COMPENSI E PROVENTI

5.2.1. Redditi da cessione dei diritti d'autore

L'art. 53 del Testo Unico delle Imposte sui Redditi dispone che "i redditi derivanti dalla utilizzazione economica, da parte dell'autore o inventore, di opere dell'ingegno, di brevetti industriali e di processi, formule o informazioni relativi ad esperienze acquisite in campo industriale, commerciale o scientifico, se non sono conseguiti nell'esercizio di imprese commerciali" devono essere considerati come redditi da lavoro autonomo. Tale disposizione per la dottrina prevalente deve applicarsi al caso in cui l'utilizzo dei diritti d'autore avvenga per acquisto di questi ultimi a titolo derivativo e non originario, in altre parole se i redditi spettano ad un terzo (committente d'opera, datore di lavoro) anziché direttamente all'autore: in concreto però la distinzione rileva poco perché anche nel caso in cui l'acquisto dei diritti sia avvenuto a titolo originario, i relativi redditi ricadono sempre nell'ambito del lavoro autonomo, in particolare nella generica disposizione del comma 1 del medesimo art. 53 ("sono redditi di lavoro autonomo quelli che derivano dall'esercizio di arti e professioni"). Sebbene condizione ritenuta essenziale dal medesimo articolo per tale collocazione del reddito sia l'abitualità dell'attività, non essendo più in vigore la regola generale per cui ogni altra entrata non specificatamente disciplinata debba rientrare nell'ambito dei redditi diversi, anche i compensi occasionali da diritti d'autore devono essere considerati redditi da lavoro autonomo, almeno sino a quando il legislatore non li annovererà espressamente in altro modo.

L'attività di sfruttamento dei diritti d'autore relative alle opere letterarie, musicali, scientifiche, didattiche, ecc., non sono invece soggette ad IVA.

5.2.2. *Proventi per la cessione di supporti*
Qualora l'attività dell'autore o dell'avente diritto si concretizzi nell'abituale vendita di supporti di qualsiasi genere in cui sono contenute le opere dell'ingegno (libri, cd, dvd, files, ecc.) o se la vendita non è abituale ma è inserita nel contesto di un'altra attività commerciale abituale, è obbligatoria l'applicazione dell'IVA (Imposta sul Valore Aggiunto), ossia l'imposta che si applica sull'incremento di valore che l'attività di una persona fornisce al bene o al servizio venduto ai consumatori finali. Materialmente pagata dal consumatore finale, l'IVA viene versata all'Erario, in qualità di sostituto d'imposta, dal soggetto che svolge l'attività di vendita ed è disciplinata dal citato Dpr n. 633/1972.

Se il soggetto è organizzato in forma di impresa editoriale, per i supporti cartacei potrà applicare l'aliquota del 4%: in quasi tutti gli altri casi l'aliquota sarà del 20%.

Resta comunque fermo, anche per i soggetti che svolgono attività di vendita svincolata da qualsiasi attività commerciale abituale, l'assoggettamento dei relativi proventi all'imposta sui redditi, qualora ovviamente i soggetti siano residenti in Italia.

Inoltre la vendita dei supporti è soggetta all'applicazione dell'IVA se il luogo di cessione del supporto è l'Italia. Se la cessione avviene in altro paese, seppur da soggetto italiano purché domiciliato nel medesimo paese, l'IVA non sarà applicata (anche perché si presume che verrà applicata la corrispondente imposta prevista dal paese in questione). Se il venditore dei supporti si trova in un paese dell'Unione Europea, non ha alcun domicilio in Italia e la cessione avviene in Italia, l'IVA è dovuta all'Erario direttamente dal cessionario del bene, ossia da chi l'acquista, solo se rientra nell'ambito di un'abituale attività commerciale: in tal caso il pagamento dell'IVA verrà effettuata mediante auto-fatturazione. Qualora invece il venditore si trovi in un paese extra UE, l'acquirente dovrà pagare l'IVA, insieme ai dazi doganali, solo se previsto dalla normativa doganale, quindi in sostanza se l'acquisto non viene effettuato nell'ambito di un'attività commerciale abituale e se supera determinati valori, dedotti presuntivamente se non adeguatamente dichiarati dal venditore (per i dettagli, si consiglia di visitare il sito web ufficiale dell'Agenzia delle Dogane www.agenziadogane.it).

6. VIOLAZIONI DEL DIRITTO D'AUTORE

6.1. SINGOLE VIOLAZIONI

6.1.1. *Utilizzo non consentito*

Si tratta dell'esercizio di tutte quelle attività non consentite dal titolare che violano i diritti patrimoniali e morali di quest'ultimo. Nella maggior parte dei casi da luogo a sanzioni amministrative, ma talvolta – specialmente in concomitanza con lo scopo di lucro o in occasione di gravi inadempimenti nei confronti della SIAE o di grave nocumento all'autore – produce conseguenze anche penali (vedi artt. 171 e seguenti LDA). Non hanno bisogno di alcun consenso le cd. utilizzazioni libere ex art. 65 e seguenti LDA, tra cui:

- articoli giornalistici, a meno che la loro riproduzione non sia contraria alla legge e purché sia chiara la data della pubblicazione e il nome dell'autore, se conosciuto;

- rassegne stampa via internet, purché conformi ai buoni usi e nella misura giustificata allo scopo;

- discorsi pubblici;

- ambito giudiziario;

- uso personale, vale a dire la classica copia privata, fatta a mano o con mezzi di riproduzione non in serie: la fotocopia è consentita solo per uso personale e solo in misura del quindici per cento di ciascun volume o fascicolo di periodico, esclusa la pubblicità;

- prestiti da biblioteche, discoteche dello Stato ed enti pubblici;
- riassunto, citazione, antologia e riproduzione parziale, purché per finalità di critica, discussione o insegnamento e nei limiti della tipologia di opera (es. per la prosa, non oltre 12.000 lettere e per la poesia non oltre 180 versi con margine di 30 versi, come previsto dall'art. 22 del reg.att. LDA), inoltre non devono costituire concorrenza all'utilizzazione economica dell'opera.

6.1.2. Plagio
Chi si attribuisce la paternità di un'opera altrui commette un plagio, purché l'opera in questione sia una ripetizione, seppur non totale (ma consistente in rapporto sia all'opera di chi plagia, che a quella plagiata) comunque pedissequa e carente di alcuna distinta originalità; altrimenti si tratta per lo più di elaborazione non consentita. Se doloso, viene punito penalmente; se colposo, solo con sanzione amministrativa (artt. 171 e 172 LDA).

6.1.3. Contraffazione
Consiste nella falsa attribuzione della paternità di opera a scopo di lucro: è punita penalmente con sanzioni più severe rispetto al plagio doloso (artt. 171 e seguenti LDA).

6.1.4. Pirateria

Distinta dalla contraffazione, consiste nel procurarsi illegalmente copie dell'opera protetta dai diritti d'autore: esempio classico è scaricare file mediante il software "peer to peer". E' punita penalmente, ma se l'uso delle copie è strettamente personale e senza scopo di lucro diretto o indiretto, da luogo a sanzioni solo amministrative.

6.2. AZIONI A TUTELA DEL DIRITTO D'AUTORE

A seconda del tipo di violazione, è possibile far valere i propri diritti mediante:

6.2.1. Azioni risarcitorie civili

Dirette prevalentemente ad ottenere il risarcimento del danno, spesso consistente nell'illecito guadagno da parte di chi ha commesso la violazione, ma non solo.

Es. – Chi commette plagio, può essere condannato al pagamento di tutti i proventi derivati o anche solo potenzialmente derivabili dall'opera, anche in considerazione della spendita del nome, e/o altri danni: per tutto ciò che non è esattamente quantificabile, il giudice determina una somma di denaro in via equitativa.

6.2.2. Altre azioni giudiziarie

Le azioni giudiziarie in materia di diritto d'autore possono essere orientate ai seguenti scopi:

1) riconoscere la paternità dell'opera (art. 169 LDA);
2) difendere l'integrità dell'opera (art. 170 LDA);
3) inibire anche preventivamente ogni utilizzo economico non consentito e la manipolazione non autorizzata dell'opera, nonché infine a rimuovere o distruggere ciò che costituisce il prodotto della violazione (artt. da 156 a 167 LDA).

6.2.3. *Azioni penali*
Il titolare dei diritti, mediante informativa di reato, può far avviare dei procedimenti penali per punire i reati connessi al diritto d'autore, dal quale può anche scaturire l'azione civile per ottenere il risarcimento dei danni.

7. FATTISPECIE DEI POD: LULU

7.1. IN GENERALE

Un trattamento a parte merita la fattispecie in cui l'autore pubblica le proprie opere utilizzando i siti web cd. "POD" (Print On Demand) che trasformano i file degli autori contenenti le loro opere in supporti da vendere al pubblico. In proposito attualmente i riferimenti normativi, giurisprudenziali e dottrinari sono molto carenti (se non addirittura inesistenti), pertanto si deve procedere prevalentemente per analogia e per logica.

Esempio concreto e protagonista di questa particolare fattispecie è Lulu (www.lulu.com), società creata da Bob Young, magnate americano del software "open source", allo scopo di creare un mercato digitale artistico senza il classico filtro editoriale, quindi orientato alla più libera diffusione delle idee.

Lulu tecnicamente non è un editore perché non dispone di alcun diritto patrimoniale dell'autore e non gestisce gli aspetti tipici editoriali, quale può essere la revisione delle opere che pubblica. Piuttosto può essere assimilato ad un semplice stampatore che vende i supporti materiali non all'autore ma direttamente al consumatore finale. Non si può negare però che Lulu acquisisca dall'autore un'autorizzazione alla pubblicazione, quindi una sorta di licenza incondizionata e rimessa alla piena disponibilità dell'autore, il quale in qualsiasi momento può decidere il compenso a lui spettante, qualora ovviamente non vi rinunci del tutto, ritirare l'opera dal commercio oppure modificarla. Tuttavia il compenso dell'autore viene percepito insieme ai costi di produzione direttamente da Lulu, perciò il suo rapporto economico con l'autore è molto simile a quello tipico editoriale, con tanto di rendicontazione periodica dei compensi.

Tutto ciò è importante per stabilire le conseguenze giuridiche della pubblicazione mediante i POD.

7.2. GIURISDIZIONE E FISCO

Premessa fondamentale è costituita dall'art. 196 LDA che individua come luogo di prima pubblicazione di ogni opera identificata nella sua forma materiale il luogo della fabbricazione.

I POD generalmente creano dal file fornito dall'autore un file (che equivale ad un supporto materiale seppur digitale) derivato, oppure si limitano a trasferire il primo direttamente sui propri archivi informatici senza modificarlo. Su scelta dell'autore tale file può poi essere diffuso ad un pubblico indifferenziato così com'è oppure farlo trasferire e diffondere su supporto cartaceo o magnetico (libro, cd, dvd, ecc.). Interpretando letteralmente l'art. 196 LDA ed in base a quanto riportato nei capitoli precedenti, per i file venduti così come sono si dovrebbe individuare come luogo di prima pubblicazione il server in cui questo viene archiviato e trasferito agli utenti; il tempo della prima pubblicazione sarà invece il momento in cui l'autore lo ha reso disponibile a tutti.

La pubblicazione su Lulu avviene quindi effettuando il trasferimento telematico dell'opera nel server del POD e rendendola disponibile a tutti in una o più forme. La possibilità di acquisire l'opera non è però limitabile agli utenti di una nazione in particolare: trattandosi di internet, chi pubblica su Lulu rende disponibile la sua opera a tutti gli internauti del mondo. Essendo praticamente impossibile applicare tutta la normativa di dettaglio mondiale riguardante le opere dell'ingegno, l'unico riferimento giuridico non potrà che essere costituito dalle leggi degli Stati Uniti, dove Lulu ha sede, anche perché la transazione della vendita del supporto si conclude tra Lulu e l'acquirente e non tra l'autore e l'acquirente, difatti l'autore non ha nemmeno la possibilità di conoscere l'identità di chi compra le sue opere. Ciò non toglie però che se l'autore acquista i supporti su Lulu e li rivende in Italia deve assoggettarsi a tutta la normativa italiana editoriale e fiscale vigente (si rinvia ai capitoli corrispondenti).

Non bisogna inoltre dimenticare le "revenues" (ossia quei compensi discrezionalmente stabiliti dall'autore nella vendita dei supporti) che Lulu versa all'autore: se infatti vengono fornite le informazioni necessarie, tali compensi potrebbero essere soggetti a trattenute alla fonte destinate all'erario Statunitense, altrimenti dovranno essere tassati secondo la normativa delle imposte italiane sui redditi da cessione dei diritti d'autore (si rinvia al paragrafo 5.2.1). Ultima precisazione riguarda la normativa sulle importazioni applicabili tra Lulu e l'acquirente diretto dei supporti. Certamente esente da alcuna imposta italiana indiretta (in particolare IVA e dazi doganali) è l'acquisto dei file in formato digitale, quindi prelevati direttamente dal sito web di Lulu. E' invece soggetta ad IVA e agli altri dazi doganali italiani l'importazione dei supporti fisici (cd, dvd, libri e quant'altro) se questi vengono prodotti in un centro di stampa Lulu negli Stati Uniti, se l'acquisto viene effettuato nell'ambito di un'attività commerciale abituale (si rinvia al paragrafo 5.1.2) e se supera determinati valori, dedotti presuntivamente dall'Agenzia delle Dogane (per i dettagli, si rinvia al sito web www.agenziadogane.it): in tal caso i tributi vengono solitamente corrisposti dall'acquirente al corriere postale al momento della consegna. Se invece il centro di stampa Lulu è ubicato in un paese dell'Unione Europea non sarà applicato alcun dazio doganale e l'IVA dovrà essere versata mediante auto-fatturazione direttamente dall'acquirente solo se l'acquisto rientra nell'ambito di un'abituale attività commerciale.

7.3. RESPONSABILITA' CIVILE E PENALE

Non essendo un editore e non acquisendo alcun diritto (semmai una semplice licenza, come specificato precedentemente), Lulu non può avere alcun controllo della diffusione dell'opera: va da sé quindi che responsabile civile per i reati a mezzo della stampa da identificarsi ex art. 3 e 11 della L. 47/1948 non può che essere il solo autore, il che lo obbligherebbe a fornire nell'opera stampata le indicazioni previste dalla medesima legge all'art. 2, ossia luogo e data della pubblicazione, tuttavia tale obbligo, come dedotto nel precedente paragrafo, è valido solo in caso di importazione da parte dell'autore, ossia acquisto su Lulu e rivendita in Italia. Stesso discorso per l'obbligo previsto dall'art. 62 LDA per i supporti fonografici (indicazione del titolo, del nome dell'autore / interprete / esecutore, della data di fabbricazione) e per ogni altra analoga imposizione a seconda della tipologia dell'opera.

In ogni caso è imprescindibile l'identificazione di tutti gli aventi diritto sull'opera, perciò se l'autore non ha intenzione di rivendere in Italia i supporti contenenti le proprie opere, deve limitarsi ad indicare su di essi i nomi degli autori, dei traduttori, dell'opera tradotta / trasformata / elaborata nonché dei suoi autori, editori, ecc., assicurandosi ovviamente di avere le necessarie autorizzazioni di tutti i soggetti indicati.

Lulu non potrà quindi essere responsabile di alcuna violazione del diritto d'autore e in genere in qualsiasi altro ambito civile e penale, nemmeno per "culpa in vigilando" (cioè colpa per non aver preventivamente controllato le opere): unico dovere, oltretutto nemmeno ben accertato, del POD è quello tipico del "content provider" (letteralmente, fornitore di contenuti, quindi l'ente proprietario degli archivi in cui sono presenti i file diffusi direttamente al pubblico), dovere che consiste nell'impedire la visualizzazione di contenuti illeciti dopo apposita segnalazione da parte dei legittimi interessati o delle pubbliche autorità.

8. CONTRATTO DI CESSIONE DEI DIRITTI

L'autore, qualora non sia intenzionato a diffondere in prima persona la propria opera commissionandone la produzione ad imprese quali tipografie e gli stessi POD, può cedere i diritti patrimoniali ad editori o produttori mediante la sottoscrizione di appositi contratti le cui caratteristiche variano a seconda della tipologia dell'opera: sono qui trattate le principali fattispecie.

8.1. CONTRATTO DI EDIZIONE PER LE STAMPE

E' "il contratto con il quale l'autore concede ad un editore l'esercizio del diritto di pubblicare per le stampe, per conto e a spese dell'editore stesso, l'opera dell'ingegno" (art. 118 LDA): in sostanza esso conferisce all'editore il diritto/dovere di pubblicare l'opera letteraria, nonché i diritti patrimoniali legati alla stessa.

La LDA disciplina tale contratto negli articoli compresi tra il 118 e il 135: in base all'art. 119, 2° comma, si presume, salvo patto contrario, che ogni contratto di edizione assicuri all'editore l'esclusiva, ossia che nessun'altro gli possa fare concorrenza nel commercio di quell'opera, per tutta la durata prevista (sia nei contratti a termine che per edizione).

L'art. 119 LDA specifica inoltre che l'alienazione, salvo pattuizione espressa, non si estende ai diritti di utilizzazione dipendenti dalle eventuali elaborazioni e trasformazioni che è possibile ricavare dall'opera, compresi gli adattamenti alla cinematografia, alla radiodiffusione ed alla registrazione su apparecchi meccanici; in genere l'alienazione di uno o più diritti di utilizzazione non implica, salvo patto contrario, il trasferimento di altri diritti che non siano necessariamente dipendenti dal diritto trasferito, anche se compresi per legge nella stessa categoria di facoltà esclusive.

8.1.1. Contratto a termine
Dura sino allo scadere del limite di tempo stabilito, che comunque non può superare i vent'anni (salvo opere di particolare complessità, tipo enciclopedie o quant'altro, che possono anche non avere un limite).

8.1.2. Contratto per edizione
Dura sino a quando l'edizione non si esaurisce, sempre considerando il limite massimo dei vent'anni.
Ci sono due principali definizioni di edizione: in senso "fisico" e in senso "contenutistico". Nel senso fisico, l'edizione è il tipo di rappresentazione tipografica dell'opera (es. la "deluxe edition" cioè quella edizione diversa dalla precedente per una diversa rilegatura, qualità delle pagine, eccetera), mentre nel senso contenutistico è considerata la sua composizione stessa

(es. "edizione aggiornata" perché completa delle modifiche intervenute dopo l'edizione precedente).

Attenzione però a non confondere "edizione" con "tiratura", che invece è il numero di esemplari prodotti da una medesima matrice. La tiratura, del resto, è specificatamente concordata nel contratto medesimo.

8.2. CONTRATTO DI EDIZIONE MUSICALE

Si distingue dal contratto di edizione per le stampe in quanto ne è oggetto l'opera musicale e relativi diritti necessari per poterla diffondere in ogni modo al pubblico, registrarla e riprodurla su supporti di ogni tipo, modificarla, trasformarla ed utilizzarla a fini pubblicitari.

Particolarità dell'opera musicale è la possibile compresenza di una parte prettamente musicale, una testuale ed una esecutiva, caratteristiche che potrebbero coinvolgere diversi titolari: l'art. 34 LDA precisa che "l'esercizio dei diritti di utilizzazione economica spetta all'autore della parte musicale, salvi tra le parti i diritti derivanti dalla comunione". Lo stesso articolo aggiunge che "il profitto della utilizzazione economica è ripartito in proporzione del valore del rispettivo contributo letterario o musicale", salvo poi precisare, in mancanza di specifici accordi, determinate proporzioni di titolarità a seconda della tipologia dell'opera (lirica, operette, melologhi, ecc.). L'articolo 34 infine dispone che "ciascuno dei collaboratori ha diritto di utilizzare

separatamente e indipendentemente la propria opera":
tuttavia, una volta firmato il contratto, l'autore della parte
letteraria può congiungerla ad altra opera musicale solo
nei casi previsti dall'art. 35 LDA (dopo un anno dalla
mancata apposizione in musica o dalla mancata prima
rappresentazione / esecuzione per le canzoni, cinque anni
per l'opera lirica o operetta, oppure dopo dieci anni dalla
cessata rappresentazione / esecuzione per l'opera lirica,
oratorio, poema sinfonico e operetta, due anni per le altre
opere musicali) e la sua azionabilità è condizionata
dall'art. 36 LDA.
Di solito il contratto di edizione musicale è redatto
secondo i modelli forniti dalla SIAE, pertanto sono a
priori adattate alle esigenze ordinarie sia degli autori che
degli editori.
Il diritto del produttore trasferito mediante contratto
nasce nel momento in cui vengono registrati e realizzati i
supporti fonografici.

8.3. CONTRATTO DI EDIZIONE
VIDEOGRAFICA

Particolarità del contratto di edizione videografica è che,
sulla base di una non chiara enunciazione normativa
dell'art. 61 LDA (legata ad una concezione antiquata
dell'opera in questione), la cessione di pressoché tutti i
diritti patrimoniali dell'opera così come visibile nel
supporto, quindi anche quelli non specificatamente

enunciati nel contratto, avverrebbe automaticamente in capo al produttore sin dal momento in cui viene da quest'ultimo creato il primo supporto, pertanto, considerando anche il generico mancato uso di modelli forniti dalla SIAE a garanzia di tutela di tutti i contraenti, è consigliabile che l'autore specifichi esattamente quali diritti intende trasferire tra quelli enunciati dall'art. 61 LDA.

8.4. REQUISITI DEL CONTRATTO

8.4.1. *Disponibilità del diritto*

I diritti morali e patrimoniali oggetto del contratto devono essere nella piena disposizione dell'autore, perché il diritto a far pubblicare l'opera può essere concesso solo dall'autore e i diritti patrimoniali sulla stessa possono essere concessi solo dal legittimo titolare: pertanto se l'editore vuole concedere a qualcun'altro i diritti patrimoniali ricevuti da precedente contratto - e se ciò comporta una nuova pubblicazione dell'opera (in qualsiasi ipotesi di cessione dei diritti patrimoniali) - può farlo solo con il consenso dell'autore (che però può essere accordato anche preventivamente). Al contrario l'autore non può concedere all'editore i diritti patrimoniali e (conseguentemente) di pubblicazione se li ha già concessi ad altri in via esclusiva mediante un contratto valido e ancora efficace.

8.4.2. Dettagliato oggetto del contratto

Gli editori preferiscono specificare l'ambito dei diritti patrimoniali oggetto del contratto perché, altrimenti, proprio in base all'art. 119 LDA, tali diritti si traducono nella sola possibilità di incamerare gli introiti derivanti dal commercio delle copie dell'opera così com'è, senza possibilità di ulteriore sfruttamento economico. Perciò gli editori si curano di estendere espressamente tali diritti alla traduzione, elaborazione, eventuale adattamento cinematografico, teatrale, multimediale e via dicendo. Fanno eccezione le opere videografiche per le quali invece vige la già trattata automatica onnicomprensività dei diritti patrimoniali ex art. 61 LDA.

8.4.3. Compenso dell'autore

Sono prospettabili due forme di retribuzione per l'autore: in misura <u>percentuale</u> rispetto al ricavo delle vendite (le c.d. royalties) e in misura <u>una tantum</u>.
La prima comporta la necessità di contabilizzare il commercio dell'opera, perciò l'editore sarà obbligato a rendere conto periodicamente delle vendite: ogni volta che viene emesso il rendiconto, matura automaticamente il diritto al compenso dell'autore, con annessa possibilità per quest'ultimo di ottenere un decreto ingiuntivo per il rapido conseguimento del credito. Ovviamente questo compenso dovrà essere al netto di tutte le detrazioni previste dalla legge o da contratto (anticipi, ritenute d'acconto, ecc.). Tutte le procedure di riscossione e

contabilità possono essere effettuate direttamente dalla SIAE.

La retribuzione una tantum deve essere valutata con attenzione proprio perché, se da un lato non è facile comprendere a priori il successo commerciale dell'opera, dall'altro non sarà più dovuto alcunché all'autore dopo la corresponsione del compenso pattuito.

Spesso si opta piuttosto per la combinazione di entrambe le forme di retribuzione.

8.4.4. *Prezzo del supporto*

E' rimesso alla libera valutazione dell'editore: tuttavia l'autore può opporsi alla misura del prezzo se lo ritiene inopportuno o pregiudizievole per il prestigio suo e/o dell'opera. Ad ogni modo, autore ed editore possono concordare il prezzo anche nel contratto di edizione stesso, oppure determinarne un limite massimo e/o minimo.

8.4.5. *Copie invendute*

Per quanto riguarda la sorte delle copie invendute, l'art. 133 LDA prevede per il contratto di edizione per le stampe che l'editore debba fornire all'autore la possibilità di comprarle a basso costo prima di distruggerle o svenderle. Ad ogni modo, parte della giacenza ritenuta completamente al di fuori delle probabilità di vendita può, secondo la dottrina prevalente, essere distrutta senza alcun preavviso.

8.4.6. Scadenza del contratto

L'editore può continuare a vendere le copie di un'opera anche dopo la scadenza del contratto sino ad esaurimento delle giacenze? Se espressamente previsto nel contratto, senza dubbio. Non sussiste altrettanta certezza se invece il contratto tace al proposito, soprattutto considerando che l'editore mediante il contratto normalmente si assicura l'esclusiva. Di conseguenza, qualora l'autore stipuli un contratto con un altro editore subito dopo la scadenza del precedente, può capitare che copie della stessa opera messe in commercio da editori diversi circolino contemporaneamente, comportando ciò una reciproca concorrenza: una ragione in più per essere previdenti e disciplinare anche questo aspetto.

8.4.7. Estinzione del contratto

In base all'art. 134 LDA, le cause di estinzione del contratto sono:

1) il decorso del tempo (per i contratti a termine) o l'esaurimento dell'edizione (per i contratti a edizione);
2) l'insuccesso dell'opera;
3) in caso di contratto su opera non ancora compiuta, la morte dell'autore prima del suo compimento, salvo che l'autore abbia così disposto e che l'editore non voglia pubblicare o adattare l'incompleto (sempre che, tra i diritti trasferiti, sia inclusa la facoltà di modificare l'opera, fermo restando l'art. 20 LDA);

4) i limiti, i divieti posti dalla legge e i provvedimenti giudiziari che ne impediscono la pubblicazione e la riproduzione;
5) la mancata pubblicazione o riproduzione dell'opera nel termine stabilito dalle parti o dal giudice (in conseguenza di procedimenti giudiziari);
6) il suo ritiro dal commercio per "gravi ragioni morali" (art. 142 LDA, vedi punto 2.1.5).

www.ingramcontent.com/pod-product-compliance
Lightning Source LLC
Chambersburg PA
CBHW051238170526
45165CB00004B/1477